Ernst Ferstl

Beziehungsgedichte

ZUSAMMEN WACHSEN

FSC
www.fsc.org
MIX
Papier aus ver-
antwortungsvollen
Quellen
Paper from
responsible sources
FSC® C105338

VERÄNDERTE NEUAUFLAGE 2017

Herstellung und Verlag:
        BoD - Books on Demand
        Norderstedt

        ISBN 978-3-7448-1618-2

Cover & Satz:
        Monika Schweitzer
        www.grafikdesignbykiss.com

DA IST JEMAND

Da ist jemand,
der mich nimmt,
wie ich genommen
werden will;
der mich aufbaut,
wenn mich etwas
niederdrückt;
der mich zu Herzen nimmt,
wenn mir etwas
über die Leber gelaufen ist;
der mir Gehör schenkt,
wenn mir das Leben
Rätsel aufgibt;
der für mich ist,
wenn sich alles gegen mich
verschworen hat.

Da ist jemand,
mit dem ich zusammen wachsen,
vielleicht sogar
zusammenwachsen darf

SIEBENKAMPF

Lass
die Sorgen des Alltags
hinter dir.
Spring
über deinen Schatten.
Stürz dich
Herz über Kopf
in gute Beziehungen.
Flieg auf Menschen,
die zu dir stehen.
Nimm dir Zeit
für Begegnungen.
Jag deine Hintergedanken
über Stock und Stein.
Bring
Farbe und Leben
ins Leben.

ICH WILL TAUSCHEN

Tausche
sündteure Luxusgüter
gegen eine Kombipackung
Zufriedenheit und Dankbarkeit.

Tausche
einen randvollen Terminkalender
gegen ein Überraschungspaket
zu Herzen gehender Augenblicke.

Tausche
extragroße Zweifel und Ängste
gegen eine Familienpackung
Vertrauen und Geborgenheit.

Tausche
ein Leben voll Haben
gegen ein Leben
voll Sein und Sinn.

NEHMEN UND GEBEN

Ich nehme mir die Zeit,
die ich brauche,
um mit mir und meiner Welt
gut umgehen zu können.

Ich nehme mir den Raum,
den ich brauche,
um Abstand zu halten
und Nähe wagen zu können

Ich nehme mir die Freiheit,
die ich brauche,
um Beziehungen und Freundschaften
einzugehen und pflegen zu können.

Dann gibt mir mein Leben
alles, was ich brauche,
um es zu lieben
und die Liebe leben zu können.

ENTSCHLUSS

Schließ mich ein
in deine großzügigen Gedankengänge
und pulsierenden Blutbahnen,
in die Quelle deiner Herzlichkeit
und den Strom deiner Lebenszeit,
in deine farbenprächtige Fantasie
und traumhafte Wirklichkeit.

Schließ mich ein
in deine leuchtenden Augen
und heimeligen Achselhöhlen,
in deine einladende Herzkammer
und himmlische Offenheit,
in deine aufrichtigen Gebete
und herzerfrischende Natürlichkeit.

Ich habe mich entschlossen,
mich dir zu öffnen.

WARTE AUF MICH!

Warte, ich muss nur noch
meine alten Gewohnheiten
aus dem Fenster werfen,
meine anhänglichen Zweifel
vor die Tür setzen,
eine ganze Menge kleiner Sorgen
unter den Teppich kehren
und meine Berührungsängste
im Ofen meiner Sehnsucht nach Nähe
verbrennen.

Warte, ich muss nur noch
mit mir ins Reine kommen,
Platz schaffen für liebenswürdige
Begegnungen und eine Beziehung,
die Raum lässt für Entfaltungen
und Entwicklungen und offen ist
für jede Art von Zuwendung.

Warte!
Das Fest, das auf uns zukommt,
soll unvergesslich werden.

HIMMLISCHER KLANG

Du,
bei mir
darfst du in Zukunft
liebend gern
die erste Geige spielen.

Denn seit du
in meinem Leben
eine Hauptrolle spielst,
hängt mein Himmel
sowieso
voller Geigen.

ICH WILL WISSEN

Ich will wissen,
wer und wie du bist,
was dich kalt lässt
oder heißlaufen lässt.

Ich will wissen,
woher du kommst,
wo du stehst
und wohin du unterwegs bist.

Ich will wissen,
wie tief du zu fühlen
und wie hoch du zu denken
imstande bist.

Ich weiß aber auch,
dass alles Wissen
mit Liebe
nur am Rande zu tun hat.

SPEISEKARTE

Auf der Speisekarte
unserer Liebe
steht nur
ein einziger Satz:

Wir haben uns
zum Fressen gern.

LASS DICH VERWANDELN

Lass dich
von der Sehnsucht nach Nähe
leiten,
damit du den Weg findest
zum Haus der Liebe.

Lass dich
von der Hoffnung
auf das gemeinsame Glück
treiben,
damit du neue Ufer
erreichen kannst.

Lass dich
von der Begeisterung
für alles Liebenswürdige
und Lebenswerte
tragen,
damit dein Denken,
Fühlen und Tun
Hand und Fuß bekommen.

BEZIEHUNGSQUELLE

Die Quelle,
die zum Wunder
einer geglückten Beziehung
führt,
entspringt dort,
wo zwei Menschen
das Glück des anderen
genauso am Herzen liegt
wie das eigene.

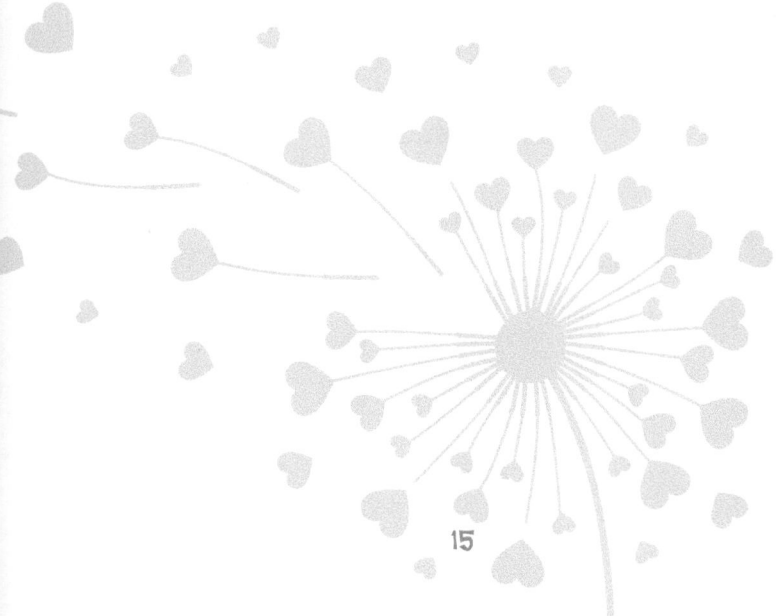

DEINE GESCHENKE

Du schenkst mir
viel von deiner Lebenszeit,
liebevoll eingewickelt
in buntes Augenblickspapier.

Du räumst mir
viel Platz in deinem Leben ein,
zärtlich verdichtet
im Nahesein.

Du eröffnest mir
viele neue Zugänge
zur Welt der Sinne,
aufbauende und umwerfende
Abenteuer.

Du schenkst mir
das kostbarste Gut meines Lebens:
DICH.

NEBENWIRKUNGEN

Ein Gedanke an dich
genügt,
und du gehst mir
nicht mehr aus dem Sinn.

Ein Blick von dir
genügt,
und ich sehe rosige Zeiten
auf mich zukommen.

Ein Kuss von dir
genügt,
und das Leben
schmeckt mir wieder.

Deine Zuwendung
genügt mir,
dass ich von dir
nie genug bekommen kann.

GEPLATZTE HOFFNUNGEN

Sternstunden wollte ich
mit dir erleben, aber du hast sofort
eine dicke Wolkendecke
mit unverbindlichen Worten
und formalen Höflichkeiten
über dich gezogen.

Sonne wollte ich
dir ins Leben bringen,
aber du bist sofort
in den Schatten deiner Gewohnheiten
geflüchtet.

Eine tragfähige Brücke wollte ich
bauen zwischen mir und dir,
aber du wolltest
nicht so viel Arbeit
auf dich nehmen.

Du, die Liebe ist viel zu schade
für ein bequemes Leben.

ERKENNTNIS

Man kann
einen lieben Menschen,
auch wenn man ihn ganz fest
in sein Herz geschlossen hat,
nicht für sich allein
haben.

Zumindest,
wenn man ihn
wirklich
liebt.

HERAUSFORDERUNG

Du forderst
nichts
von mir –
und forderst mich
doch ständig heraus.

Du verlangst
nichts
von mir –
und verlangst
doch ständig nach mir.

Weil wir
uns nehmen
wie wir sind,
geben wir uns
Himmlisches
in Hülle und Fülle.

GRENZZIEHUNG

Wenn wir
unsere Grenzen
gemeinsam ziehen,
trennen sie uns
nicht mehr
voneinander,
sondern verbinden uns
miteinander.

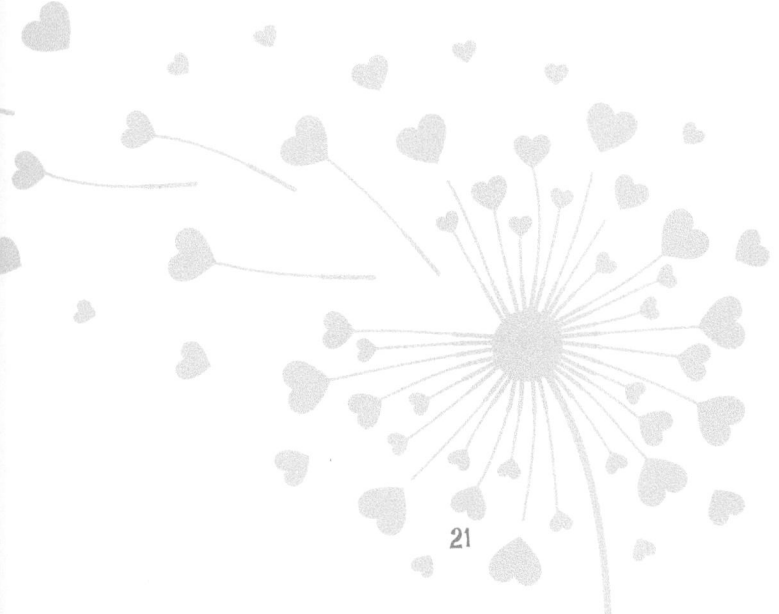

SO ODER SO

Was wir
wirklich lieben,
liegt uns am Herzen.

Was uns nicht
am Herzen liegt,
lieben wir
nicht wirklich.

ENTTARNUNG

Ich habe
leider
keine Zeit.

Und welche Ausrede
hast du?

EINFACH, ODER?

Ich liebe
dich.
Du liebst
mich.
Wir lieben
uns.

So einfach
ist das.

Leider
nicht.

DES RÄTSELS LÖSUNG

Unser Leben
ist ein gewaltiges Rätsel,
das sich nur
mit viel Lernbereitschaft-
und vor allem-
mit gewaltig viel Liebe
lösen lässt.

GLEICHBERECHTIGUNG

In unserer Gesellschaft
sind Frauen und Männer
gleichberechtigt.
Besonders
die Männer.

DU GIBST MIR SO VIEL

Du gibst mir so viel,
dass ich mich dir
mit freudigem Herzen,
mit Haut und Haaren,
mit Leib und Seele,
mit allem Drum und Dran
schenken kann.

Du gibst mir so viel,
dass ich mich dir
mit all meinen
Stärken und Schwächen,
Höhen und Tiefen,
Gedanken und Gefühlen
hingeben kann.

Du gibst mir so viel,
dass ich gar nicht anders kann,
als dir mein Ja zu geben.

DOPPELTES LIEBESGLÜCK

Ich liebe dich,
und ich liebe es,
von dir
geliebt zu werden.

BEDEUTUNGS-VOLL

Im Umgang mit Menschen,
die uns viel bedeuten,
ist nichts ohne Bedeutung.

SONNTAGSGEDANKE

Solange
wir es immer wieder
schaffen,
miteinander
unvergessliche Sternstunden
zu feiern,
brauchen wir uns
um den Alltag
unseres Zusammenseins
keine Sorgen zu machen.

LUST UND LIEBE

Zur Liebe
gehört zweifelsohne
auch
eine gesunde Portion
Lust.

Sobald aber
alle Liebe
nur noch der Lust gehört,
vergeht der Liebe
die Lust.

FRAGEZEICHEN

Lustgewinn
reimt sich auf
Lebenssinn.

Aber reicht
das bereits,
dass das Leben
wirklich
zu einem Gedicht
wird?

HERAUSFORDERUNG

NUMMER EINS

Wer
im Licht der Liebe
leben will,
muss
über den eigenen Schatten
springen können.

HERAUSFORDERUNG

NUMMER ZWEI

Ein lebendiges Wir
braucht unbedingt
ein selbstbewusstes Ich
und
ein bewusstes Ja zum Du.

DER GROSSE

UNTERSCHIED

Liebende
sind einander nahe,
gleichgültig,
wie weit sie
voneinander
entfernt sind.

Gleichgültige
sind einander fern,
gleichgültig,
wie nahe sie
einander sind.

DIR ZULIEBE

Dir zuliebe
nehme ich Rücksicht auf mich,
bin ich geduldig mit mir,
nehme ich mir viel Zeit für mich.

Dir zuliebe
höre ich mir zu, höre ich auf mich,
verspreche ich mir,
immer zu mir zu halten.

Dir zuliebe
vertraue ich mir, traue ich mir alles zu,
mache ich mich vertraut
mit meinen Höhen und Tiefen.

Dir zuliebe
will ich ein Auge auf mich werfen,
mir auf halbem Weg entgegenkommen,
auf mich aufpassen wie ein Haftelmacher.

Dir zuliebe
will ich liebenswürdig zu mir sein.

VORGABEN

Du kannst ruhig
auf mich zählen,
falls du bereit bist,
mit Überraschungen
zu rechnen.

Du kannst ruhig
auf mich fliegen,
falls du vorhast,
bei mir zu landen.

Du kannst ruhig
auf mich bauen,
falls du bereit bist,
die Schranken zwischen uns
niederzureißen.

Du kannst ruhig
verrückt werden,
falls du es
nach mir wirst.

RETTUNGSAUFRUF

Rettet das Wort Liebe!
Nehmt es nicht mehr
bei jeder Gelegenheit
in den Mund oder sonst wohin!
Zieht es nicht mehr
pausenlos durch den Kakao
eindeutiger Zweideutigkeiten!
Lasst es nicht mehr leichtfertig
auf den harten Boden
versteinerter Herzen fallen!

Rettet das Wort Liebe!
Benutzt es nicht mehr
als billiges Transportmittel
für Machtdemonstrationen!
Missbraucht es nicht mehr
als willkommene Ausrede
für egoistische Extratouren!
Nehmt es nicht mehr
als kostenloses Abführpulver
für harmlose Gefühlsblähungen!
Rettet das Wort Liebe!

ZAUBERHAFT

Unsere zauberhafte Beziehung
verleiht uns Zauberkräfte:

Du zauberst
aus mir
ein Du
für dich –
und ich mache
aus dir
ein Du für mich.

Und dann zaubern wir
aus uns beiden
ein Wir,
in dem sich
unsere beiden Dus
zu einer Einheit
entfalten können.

ENTSCHEIDUNG

Wenn du machst,
was die anderen
von dir verlangen,
erntest du
- meistens -
Zustimmung und Beifall.

Die Frage ist nur:
Was ist dir wichtiger?
Zustimmung und Beifall –
oder doch
ein eigenes Leben
in Würde und Freiheit?

MIT DEN AUGEN DES HERZENS

Überwältigt
von den Geschenken
Zuneigung und Zärtlichkeit
spiegelt sich in unseren Augen
ein wunderschöner
Gefühlsregenbogen.

Überwältigt
von der Kraft
des Liebens und Geliebtwerdens
sehen wir uns
erstmals
mit den Augen
unserer Herzen.

DIE GUTE ALTE ZEIT

Wir sollten uns hüten
vor der hinterlistigen Vergangenheit,
sie will uns unbedingt festhalten
im großzügig angelegten Käfig
angenehmer Erinnerungen
und Gewohnheiten.

Sie will, dass wir ihr die Treue halten
für alle Zeiten,
sie verklären und verherrlichen.

Sie will uns abhalten vom Aufbruch
in das verheißungsvolle Land Zukunft,
will uns fesseln
an das Bekannte und Bewährte.

Wir sollten uns hüten
vor der guten alten Zeit,
sie stiehlt uns sonst
eine ganze Menge Leben.

LEITFADEN

Geht in einer Beziehung
der rote Faden verloren,
wird aus einer Verbindung
eine Verstrickung.

GESCHENK

Eines der schönsten Geschenke
einer liebevollen Beziehung
ist die Geborgenheit.

SAGE UND SCHREIBE

In sage und schreibe
tausend Büchern fand ich
nichts Aussagekräftigeres
als in deinen Augen.

In sage und schreibe
tausend Wohnungen
fühlte ich mich
nicht so gut aufgehoben
wie in deiner Nähe.

In sage und schreibe
tausend Wochen habe ich nicht
so viel Ewigkeit erlebt
wie in den Augenblicken
unseres Einsseins.

In sage und schreibe
tausend mal tausend Wörtern
fand ich nichts Wesentlicheres
als im Wort DU.

MEIN WILLE

Ich will
keine Rolle spielen
in deinem Leben.
Ich will dich lieben
und mit dir leben.

Ich will
kein leichtes Spiel haben
mit dir.
Ich will mit dir
unserer Beziehung
Liebenswertes
abgewinnen.

Ich will
kein traumhaftes Dasein
mit dir abspulen.
Ich will mit dir
dem Leben und der Liebe
auf den Grund gehen.

STURMFLUT

Wenn die Flut
deiner Liebe
mit der Flut
meiner Liebe
zusammenfällt,
bricht eine riesige Sturmflut
über uns herein,
die alles hinwegfegt,
was nicht festgemacht ist
am unerschütterlichen Glauben
an die Sanftheit, Zartheit
und Herzlichkeit
unserer stürmischen Beziehung.

FEHLERANZEIGE

Der Raum zwischen uns
war mit so vielen Wörtern
und Gedanken gefüllt,
dass unsere Gefühle
keinen Platz
und keinen fruchtbaren Boden
finden konnten
zum Wachsen und Blühen.

Wir hatten,
Hirn verliebt
wie wir waren,
total vergessen,
dass man Liebe
weder nur denken –
noch machen kann.

ZEICHENDEUTUNG

Noch stehen
unübersehbare Fragezeichen
hinter unseren Worten
und Gefühlen,
hinter unserer Zuneigung
und Beziehung.

Doch das darf uns
keine Angst einflößen.

Diese Fragezeichen
rufen uns dazu auf,
miteinander,
mit vereinten Kräften,
Rufzeichen unserer Liebe
daraus zu biegen.

WARTEZEIT

Deine gewählten Worte
und bewundernswerte Klugheit,
deine zärtlichen Hände
und anziehenden Lippen,
dein verheißungsvolles Lächeln
und deine erfreuliche Erscheinung,
deine ausdrucksvolle Körpersprache
und dein eindrucksvolles Auftreten,
deine zauberhafte Figur
und himmlischen Andeutungen
überzeugen mich
noch nicht restlos.

Ich warte.
Ich warte
auf das gewisse Leuchten
in deinen Augen.

MEINE KRAFTQUELLE

Dein Lächeln
verleiht mir die Kraft,
jene Stunden zu überstehen,
in denen ich nichts zu lachen habe.

Deine Nähe
gibt mir die Kraft,
das Abschiednehmen
und Fortsein zu ertragen.

Dein Vertrauen
schenkt mir die Kraft,
meine Schattenseiten annehmen und
über meinen Schatten
springen zu können.

Deine Liebe
schenkt mir die Kraft,
mich in dir und dich in mir
bedingungslos
annehmen zu können.

GEGENBEWEGUNG

Ein Gegengewicht sein
zur Schwerfälligkeit,
selber zu denken
und Gefühle zuzulassen!

Ein Gegenpol sein
zu den Anziehungskräften
der Gleichgültigkeit und Lieblosigkeit!

Ein Gegensatz sein
zu nichts sagenden Floskeln,
versteckten Lügen und Halbwahrheiten!

Ein Gegenlicht sein zur Dunkelheit
in den Hirnen und Herzen
hinters Licht geführter Menschen!

Eine Gegenbewegung ins Leben rufen
gegen das Treibenlassen
im Strom des Zeitgeistes
und das Niedermachen
der Schöpfung!

VERPACKUNG

Die Liebe eines Menschen
ist ein Geschenk,
bei dem die Verpackung
nicht die Hauptrolle
spielen sollte.

FESTSTELLUNG

Unserer Liebe
genügt es vollkommen,
wenn sie von zwei Menschen
verstanden wird:
von dir und von mir.

HERZLICHKEIT

Herzlichkeit
ist die Muttersprache
aller liebenswerten Menschen.

Liebenswerten Menschen
liegt die Herzlichkeit im Blut.

Dass jeder Mensch ein Herz hat,
führt leider noch nicht dazu,
dass jeder eine Herzlichkeit
entwickelt.

Unsere Herzlichkeit
kommt am besten zur Geltung,
wenn wir Gefühle zeigen.

WARNSIGNALE

Wenn deine Augen-
sicherheitshalber-
nur noch das Sichtbare
sehen wollen,
deine Worte gedankenlos
und gleichgültig
ihre Wege gehen.

Wenn deine Wünsche
im Garten der Möglichkeiten
zu randalieren beginnen,
deine Träume keine Kraft mehr haben,
Wurzeln in deinem Dasein
zu schlagen.

Wenn deine Gefühle
jegliche Wärme vermissen lassen,
dein Leben dir beim Hals heraushängt.

Dann wird es Zeit,
dass du dir Zeit nimmst
für dich.

WARNUNG

Nicht alles,
was Hand und Fuß hat,
hat auch
Herz und Hirn.

ERSCHWERNIS

Sensible Menschen
haben es nicht leicht:
Was anderen leid tut,
tut ihnen bereits weh.

FUNKTIONSTÜCHTIG

Eine Beziehung,
die immer
reibungslos funktionieren muss,
erzeugt möglicherweise
etwas Licht,
aber nur sehr selten
die notwendige Wärme
zum Weiterwachsen
und Aufblühen.

UNFALLURSACHE

Die Erwartungshaltung,
einen anderen Menschen
ändern zu können,
ist eine Klippe,
an der schon
viele Beziehungen
zerbrochen sind.

ERLEICHTERUNG

Gespannt
verfolge ich
deine Spuren.

Erleichtert
stelle ich
immer wieder fest,
dass viele davon
zu mir führen.

HERZ UND KOPF

Menschen,
die einem
am Herzen liegen,
erkennt man auch daran,
dass sie einem
nicht mehr
aus dem Kopf gehen.

UMARMUNG

Wenn du
mich umarmst,
umarmt mich sogar
die Decke,
die mir sonst
auf den Kopf
zu fallen droht.

Wenn du
mich umarmst,
umarmen mich sogar
die dicksten Regenwolken,
der mir sonst
ziemlich auf die Nerven
gehen.

Wenn du
mich umarmst,
umarmt mich
die ganze Welt.
Deine UmARMungen
machen mich
unermesslich REICH.

MITTEILUNG

Versteck bitte nicht,
was du
von mir hältst,
was du
für mich empfindest
und was du
von mir erwartest.

Versteck bitte nicht,
was dir auf der Zunge
und auf dem Herzen
liegt,
worauf du stehst
und wie es dir geht.

Lass mich bitte
teilhaben
an deiner Ganzheit.

NAHELIEGENDES

Die wir lieben,
liegen uns
am Herzen.

Die wir nicht lieben,
liegen uns auch,
allerdings
etwas
tiefer.

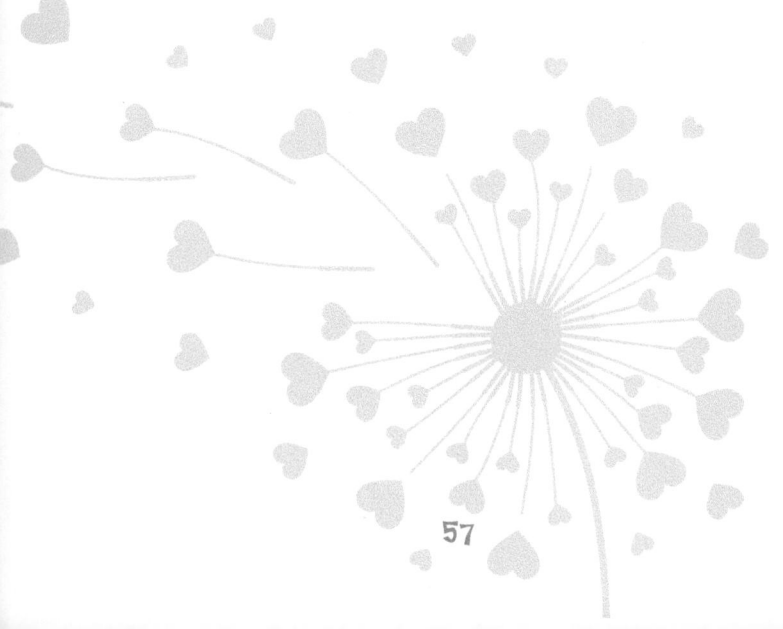

ENTGEGNUNGEN

Gewonnene Liebe
ist kein Wanderpokal.

Die Frau fürs Leben
ist kein Mädchen für alles.

Der Mann fürs Leben
ist kein Traummännlein
für gewisse Stunden.

Die Zärtlichkeit
ist kein Spielzeug
für rücksichtslose Egoisten.

ENTTÄUSCHUNG

Du hattest
ein ganz bestimmtes Bild
von mir.
Als du merktest,
dass dein Bild von mir
und ich
zwei verschiedene
Paar Schuhe sind,
gabst du Fersengeld.

Ich vermute,
du hast gar nicht mich,
sondern nur
dein Bild von mir
geliebt.

WAS DU MIR GIBST

Du hältst mich aus.
Das gibt mir Halt.

Du schenkst mir
viele Freiheiten.
Das gibt mir Sicherheit.

Du wendest dich
mir zu.
Das gibt meinem Leben
eine Wende zum Besseren.

Du gibst dich mir.
Das gibt mir Berge.

AUFGABEN

Einander Zeit geben
zum Wachsen und Reifen,
Innehalten und Loslassen.

Einander Raum geben
zum Entwickeln und Entfalten,
Begegnen und Wohlfühlen.

Miteinander Mut finden
zum Verändern und Träumen,
Spielen und Feiern.

Miteinander Gefallen finden
am Suchen
nach dem Garten der Liebe.

LOGIK DES HERZENS

Wer eine Schwäche
für jemanden hat,
macht sich für ihn stark.

Das Herzstück
einer guten Beziehung
ist und bleibt
das gegenseitige Vertrauen.

Bei gefühlvollen Menschen
reicht das Fingerspitzengefühl
bis in die Zehenspitzen.

Das Leben
hat viele schöne Seiten,
die schönste davon
ist die Liebe.

NEUE HALTUNG

Seit ich
bei dir
Halt finde,
bin ich
nicht mehr
zu halten

VERRÜCKT NORMAL

Liebende
haben sowohl
das Recht,
verrückt zu sein,
als auch die Pflicht,
normal zu bleiben.

ÜBERFALL

Gestern in der Nacht
überfielen mich,
ganz in deiner Nähe-
urplötzlich-
mir bisher unbekannte Gefühle
und zwangen mich,
ihnen
freien Lauf zu lassen.

Sie meinten,
dieser Überfall
wäre schon längst
fällig gewesen.

Du sprachst begeistert:
Sie hatten
vollkommen recht.

HERZ ÜBER KOPF

Und wenn
die ganze Welt
den Kopf schüttelt
über uns!

Wir wollen
miteinander
Herz über Kopf
durchs Leben gehen,
die Gleichgültigkeit
auf den Kopf stellen
und uns die Liebe
ans Herz legen.

NEUORDNUNG

Gestern
wollte ich endlich
beginnen,
Ordnung
in mein Leben zu bringen.
Doch da
liefst du mir
über den Weg,
über die Leber
und etliche andere Organe.

Du überraschtest
mich ordentlich.

Die Ordnung kann warten.
Der Zauber des Augenblicks
nicht.

GLÜCKLICHE ERFAHRUNG

Wie rund doch
die Ecken und Kanten
eines Menschen
werden können,
wenn man sie
mit Verständnis
und Einfühlungsvermögen
entschärft –
und sie einem dann
vertraut und liebenswürdig
erscheinen.

FRAGWÜRDIGES

Wie soll jemand,
der keine Zeit
zum Genießen hat,
einen guten Geschmack
entwickeln können?

Wie soll jemand,
der es nicht schafft,
sich ein eigenes Urteil
zu bilden,
auf Vorurteile
verzichten können?

Wie soll jemand,
der seine Lebendigkeit
verloren hat,
den Sinn des Lebens finden?

Wie soll jemand,
der sich selbst nicht
leiden kann,
andere lieben können?

SEIN LASSEN

Du musst mich
mich
sein lassen.

Ich muss dich
dich
sein lassen.

Nur das Miteinander,
das dürfen wir
nie
sein lassen.

WUNSCHTRAUM

Ich wünschte,
meine Liebe wäre
wirklich
so beeindruckend,
ausdrucksvoll und lieb
wie das Gesicht,
das ich aufsetze,
wenn ich dich
für meine Nähe
begeistern will.

UNBERECHENBAR

Zwei
werden
eins.

Echte Liebe
pfeift
auf Mathematik.

GLAUBENSFRAGE

Dein Glaube
an mich
und an uns beide
hat meinen schwachen Glauben
an mich
wieder so stark gemacht,
dass es mir wieder leichter fällt,
daran zu glauben,
dass unsere Beziehung
Gegenwart und Zukunft hat,
dass wir füreinander
bestimmt sind.

HERZVERSAGEN

Viel zu oft
wird aus einem
traumhaft angelegten
Garten der Liebe
ein traurig anzusehender
Friedhof
lebensunfähiger,
abgestürzter
und krankhafter
Sehnsüchte und Wünsche.

Todesursache:
Herzversagen.

EMPFEHLUNG

Gib dich so,
wie du bist.
Sonst
gibst du mir
nichts.

Nimm mich so,
wie ich bin.
Sonst
nimmst du mir
alles.

DIE UNS LIEBEN

Die, die uns lieben,
stehen uns nicht im Weg.
Sie stehen uns bei,
gehen mit uns
ein Stück des Weges
und liegen uns am Herzen.

Die, die uns lieben,
nehmen uns wie wir sind.
Sie geben uns
zu denken und das Gefühl,
liebenswert und liebenswürdig zu sein.

Die, die uns lieben,
schreiben uns nichts vor.
Sie lesen in unseren Augen,
hören uns zu
und sagen uns ihre Meinung.

Die, die uns lieben,
schenken uns nichts,
aber sie geben uns sehr sehr viel.

GROSSE AUGENBLICKE

Es sind immer wieder
große und herzerfrischende
Augenblicke,
wenn unsere kleinen,
leuchtenden Augen
die graue Nebelwand
der alltäglichen Gewohnheiten
durchdringen
und die Dunkelheit
ungewollter Missverständnisse
durchbrechen-
und dadurch
den Blick freigeben
zum Gipfel
unserer Glückseligkeit.

VERLETZUNGSANGST

Wir sollten uns
von der Angst,
einen anderen
in seiner Menschenwürde
zu verletzen,
genauso stark
berühren lassen
wie von der Angst,
von anderen
in unserer Würde
verletzt
zu werden.

NEHMEN UND GEBEN

Niemand
kann dir nehmen,
was du aus
und mit Liebe
gedacht,
gefühlt und getan hast.

Niemand
kann dir geben,
was du
aus Angst vor ihr
nicht gedacht,
nicht gefühlt
und nicht getan hast.

DER ROTE FADEN

Wenn wir die Fäden,
an denen
unsere Stärken und Schwächen,
unsere Zuneigung
und unsere Beziehung
hängen,
miteinander verwickeln
und weiterentwickeln,
könnte daraus
ein starker, rissfester,
roter Faden
für unser weiteres,
gemeinsames Leben werden.

BEWEISLAST

Wir glaubten
ganz fest daran,
uns immer wieder
aufs Neue
unsere Liebe
beweisen zu müssen.
Nun stehen wir
vor den Trümmern
unserer Beziehung.
Sie ist
unter unserer Beweislast
zusammengebrochen
und hat deine und meine
Liebenswürdigkeit
unter sich begraben.

ZUR SPRACHE BRINGEN

Die Liebe
kommt
in unserem Leben
sehr oft
zur Sprache,
aber
nur sehr selten
zu Wort.

AUSRUF

Vergiss mich!
Und nimm
mich endlich so,
wie ich bin!

ANPASSUNG

Sie passte sich
ihm an.
Er passte sich
ihr an.

Alles schien
zu passen.

Erst viel zu spät
bemerkten sie,
dass ihnen doch
etwas Wesentliches fehlt
zum großen Glück:
ein unverwechselbares
Du.

AUF ABWEGEN

Anfällig und empfänglich
für Vergnügungen und Täuschungen,
komme ich immer wieder ab
vom Weg zu dir
und lüge mich an dir vorbei.
Da nehme ich mir
eigenmächtig
allerhand Freiheiten heraus,
die "nicht drinnen" sind,
da gebe ich dir
nicht mein Bestes,
sondern oft nur den Rest.
Da genieße ich
ausschließlich
die süßen Früchte
unseres Zusammenseins
und kümmere mich einen Dreck
um den harten Kern unserer Beziehung,
ohne den unsere Begegnungen
keine Frucht bringen können.

EHRLICHKEIT

Natürlich
will ich dir gefallen.
Aber es ist nicht
meine Aufgabe, bei dir
immer nur Gefallen
zu finden.
Meine Aufgabe
liegt vielmehr darin,
in meinen Gedanken und Worten,
meinen Gefühlen
und meinem Umgang mit dir,
ehrlich zu sein.

Ich hoffe trotzdem,
dass du Gefallen findest
an meinem ehrlichen Bemühen.

BELASTUNGSPROBE

Unsere Beziehung
sollten wir erst dann
der Schwerkraft der Alltäglichkeit
aussetzen,
wenn unsere Anziehungskräfte
so stark geworden sind,
dass wir zueinander stehen,
auch wenn Welten
zwischen uns liegen.

SCHADE

Wir hätten uns
so viel zu sagen gehabt,
aber wir fanden
keine gemeinsame Sprache.
zwischen uns liegen.

BRÜCKENBAU

Deine Gedanken
und Worte
sind nicht die meinen.
Meine Gefühle
sind nicht die deinen.
Deine Welt
und deine Träume
sind nicht die meinen.

Und doch verbinden uns
unsere Gedanken, Worte
und Gefühle,
unsere Welten und Träume
so stark miteinander,
dass sie es schaffen,
die tiefen Abgründe zwischen uns
zu überbrücken.

VERKEHRSPROBLEME

Zweimal
siebenter Himmel!
Hin und retour,
bitte!

Was sagen Sie?
Diese Verbindung wurde
aus Sicherheitsgründen
eingestellt?
Schade drum!

Na ja,
Hauptsache,
wir fahren
noch immer
aufeinander ab!

UNSER ALPHABET

Wir haben es entziffert,
miteinander
auswendig und inwendig gelernt,
das Alphabet unserer Beziehung.

Und so
lesen wir
in unseren kleinen Augen
vom großen Glück,
einander gern haben
zu dürfen -
und schreiben uns
immer wieder neu
unsere Liebe
auf den Leib.

UNTER MEINEM SCHUTZ

Weil du für mich
einmalig
und einzigartig bist,
will ich dich
unter meinen Schutz stellen,
dir Zugang gewähren
zu meinem Innersten,
will ich dafür Sorge tragen,
dass du mich
lieben und gut leiden kannst,
dass die Geborgenheit,
die Zuneigung
und die Lebendigkeit
wachsen können
in den Boden unter uns
und in den Himmel über uns.

HERAUSFORDERUNG

Du forderst mich
heraus,
ermutigst mich
zu Gedanken und Gefühlen,
zu Träumen und Taten,
die ich mir
ohne dich
nie zugetraut hätte.

Sag,
woher weißt du
eigentlich,
was alles
in mir steckt?

EINFACH ANDERS

Dein Anderssein
und deine Andersartigkeit
sind Garanten
für unvergessliche Augenblicke
und Begegnungen,
für zahllose Überraschungen
und Neuigkeiten,
für wunderbare Einsichten
und Ausblicke.

Dein Anderssein
und deine Andersartigkeit
bauen mich auf
und werfen mich um,
geben mir Berge,
zu denken und zu fühlen.

Und meistens bist du ganz anders,
als ich mir dein Anderssein
und deine Andersartigkeit
vorgestellt habe.

HERZENSWUNSCH

Ich wünsche dir
von ganzem Herzen,
dass dir
dein Leben
möglichst viel gibt.

Je mehr dir
dein Leben gibt,
desto mehr
habe ich von dir.

Je mehr wir
voneinander haben,
desto mehr
können wir uns geben.

DIE FRAGE NACH DER ZEIT

Es ist keine Frage der Zeit,
ob und wann wir
füreinander
Zeit haben.

Zeit haben wir
nur dann,
wenn wir uns
welche nehmen.

Wenn wir uns Zeit nehmen,
weil wir Zeit haben wollen
füreinander,
wird diese Zeit
zu kostbaren Augenblicken,
in denen sich
unsere Beziehung spiegelt
und verewigt.

NICHT GENUG

Ein bisschen Nähe
ist nicht genug
für die große Sehnsucht
nach Zärtlichkeit.

Ein bisschen Vertrauen
ist nicht genug
für die schwierige Suche
nach Geborgenheit.

Ein bisschen Liebe
ist nicht genug
für die ehrlichen Versuche,
ein erfülltes Leben
zu führen.

ES TUT GUT

Es tut
so unsagbar gut,
dass du mit mir
sehr oft
viel besser,
liebenswürdiger
und liebevoller
umgehen kannst
als ich selbst.

Es tut
so unsagbar gut,
dass du mir
das Gefühl gibst,
liebenswert,
deiner Liebe wert zu sein.

NICHT ALLTÄGLICH

Ich wünsche mir
von ganzem Herzen
dass du,
wenn nur irgendwie
möglich,
bei mir bist
alle Tage -

und mir trotzdem
nie
alltäglich wirst.

HALTUNGSSCHADEN

Ich behalte
noch immer
viel zu viel
für mich allein.
Wahrscheinlich
halte ich
immer noch
viel zu wenig
von dir.

SPIEGELUNG

Die wirkliche Größe
unserer Zuneigung
spiegelt sich
am eindrucks-
und ausdrucksvollsten
im Licht der Kleinigkeiten
unseres Alltags.

ZUWENDUNG

Wenn du dich
mir zuwendest
und ich mich
dir zuwende,
zerschmilzt das Eis
in uns,
zwischen uns
und um uns -
und schenkt uns
reichlich Wasser
für unsere gemeinsame
Lebensoase.

MIT DER ZEIT

Am Anfang
hatten wir immer
viel Zeit füreinander,
nahmen wir uns immer
viel Zeit für Unfug und Späße,
für Wichtiges und Überflüssiges,
für herzerfrischende Annäherungen,
für spontane Einfälle
und ausgefallene Wünsche.

Mit der Zeit aber
wurde das Zeithaben seltener,
wir wollten keine Zeit
verlieren.

Und so verloren wir uns
mit der Zeit
immer mehr aus den Augen,
aus den Gedanken
und aus dem Herzen.

DURCH DICH

Durch dich
bin ich mir
ein schönes Stück
näher gekommen.

Durch dich
bin ich
auf den Geschmack
des Liebens
und des Geliebtwerdens
gekommen.

Durch dich
bin ich
dem Sinn des Lebens
auf die Spur
gekommen.

DIE KRAFT DER LIEBE

Die Kraft der Liebe
vermag Außergewöhnliches:
Sie verleiht uns
die Stärke,
mit dem Herzen
denken -
und mit dem Hirn
fühlen zu können.

EINS SEIN

Ganz eins zu sein
mit einem geliebten Menschen
bedeutet auch,
ganz eins zu sein
mit sich und seiner Welt.

BESCHRÄNKUNG

Ein Leben in Fülle
ernährt sich
von freiwilligen Beschränkungen:
Von der Beschränkung
auf das Wesentliche,
die Liebe;
auf die wichtigste Zeit,
die Gegenwart;
auf die Weisheit des Lebens,
die Einfachheit.

NEBENWIRKUNGEN

Als ich merkte,
dass du mir
am Herzen liegst,
fiel mir ein Stein
von diesem.

Als ich spürte,
dass du mir
unter die Haut gehst,
hatte ich einfach
keine Lust mehr,
aus ihr fahren zu wollen.

Als ich fühlte,
dass du in mir
Wurzeln schlägst,
wurde mir sonnenklar,
dass mir mit dir
noch einiges blühen wird.

NEUE HEIMAT

Ich habe mein Herz
an dich verloren.
Nein,
nicht verloren.
Ich habe für mein Herz
eine neue Heimat
gefunden.

Und wo mein Herz ist,
dort bin auch ich
mit all meinen Gedanken
und Gefühlen,
mit all meinen Träumen
und meiner Erdverbundenheit,
mit all meinen Stärken
und Schwächen,
mit all meinem Lebensdurst
und meinem Liebeshunger.

LERNPROGRAMM

Wir lernen
voneinander
und miteinander.

Wir lernen
einander vertrauen,
miteinander umzugehen
und aufeinander einzugehen.

Wir lernen
den Austausch
von Gedanken, Gefühlen
und Zärtlichkeiten.

Wir lernen
uns kennen,
auswendig und inwendig.
Wir lernen
uns lieben.

LIEBENSWERT

Menschen,
die es verstehen,
uns zu verstehen,
sind Geschenke des Himmels.

Menschen,
auf die man immer zählen kann,
sind einfach unbezahlbar.

Menschen,
mit denen man die Zeit vergisst,
vergisst man nie.

FORTSCHRITT

Ich gehe
meinen Weg.

Du gehst
deinen Weg.

Zusammen
gehen wir
noch einen Schritt
weiter.

Aus „Du hast es mir angetan"

AUF DER SUCHE
NACH DEM GLÜCK

Für viele Menschen
hängt ihr Glück
von tausenden Dingen ab.
So fehlt ihnen
logischerweise
immer irgendetwas
zum Glücklichsein.

Wenn sie ihr Glück
allein von der Liebe
abhängig machen würden,
könnten sie ihr Glück
in tausenden Dingen
entdecken.

Aus „Herznah"

WAS UNS GUT TUT

Anerkennende Worte
tun uns gut.
Fröhliche Blicke
tun uns gut.
Freundschaftliche Umarmungen
tun uns gut.
Herzliche Begegnungen
tun uns gut.

Wir täten gut daran,
uns gegenseitig
möglichst oft
Gutes zu tun.

EINKAUFSZETTEL

Ein Packerl Sonnenstrahlen,
eisgekühlt.
Eine Kiste Glückseligkeit,
mit Reinheitsgarantie.
Ein Sack voll Zärtlichkeit,
mindestens,
wenn nicht mehr.
Eine Familienpackung Lust,
ohne Nebenwirkungen.
Ein Kanister Himmel auf Erden,
mit Reservetank.
Eine Dose Zufriedenheit,
ohne Treibgas.
Eine Riesenportion Träume,
mit Wirklichkeitszertifikat.
Eine ganze Menge Liebe,
lebenslang.

APHORISMENBÄNDE

1995: "Kurz und fündig", Va bene-V.

1995: "einfach kompliziert einfach", Va bene-V.

1996: "Unter der Oberfläche", Va bene-V.

1998: "Heutzutage", Freya-V. // 2006, Edition Nove

2000: "Zwischenrufe" , BOD // 2004, Geest V.

2002: "Lebensspuren" , Geest-V. // 2007, Asaro V.

2004: "Durchblicke" , Freya-V.

2005: "Wegweiser" , Asaro-V.

2006: "Bemerkenswert", Asaro-V.

2007: "Denkwürdig" , Asaro-V.

2009: "Gedankenwege"   Brockmeyer V.

2011: "Eindrücke" Brockmeyer V.

2012: "Zusätze"   Brockmeyer V.

2013: "Zugespitzt"   Brockmeyer V.

2014: „Ausgedrückte Eindrücke" BOD

2015: „Punktgenau" BOD

ERNST FERSTL
Geb. 1955 in Neunkirchen (Niederösterreich),
lebt mit seiner Familie in Zöbern/Bucklige Welt,
NMS-Lehrer in Krumbach.

Schreibt Aphorismen, Gedichte und Kurztexte.

HP: www.gedanken.at
E-Mail: ernstferstl@aon.at

Bekannteste Sprüche:

"Zeit, die wir uns nehmen,
ist Zeit, die uns etwas gibt."

"Gerade weil wir alle in einem Boot sitzen,
sollten wir froh darüber sein,
dass nicht alle auf unserer Seite stehen."

"Die mit Abstand beste Nerven-Heil-Anstalt
ist die freie Natur."